AF602282

19 Décembre 94.

P

IMPORTANTE COLLECTION

Arrivant de province

MEUBLES

OBJETS D'ART

ET DE HAUTE CURIOSITÉ

Tapisseries, Tapis d'Orient

MARBRES, PORPHYRES, TERRES CUITES

ÉMAUX ANCIENS DE LIMOGES & AUTRES

Porcelaines anciennes, Ivoires

BIJOUX ANCIENS, OBJETS DE VITRINE

Dont la vente aura lieu

HOTEL DROUOT, SALLE N° 11

Les Mercredi 19 et Jeudi 20 Décembre 1894

A DEUX HEURES

COMMISSAIRE-PRISEUR :	EXPERT :
Mᵉ A. LANTIEZ	**M. L. OPPENHEIMER**
44, rue Le Peletier, 44	8, rue de la Grange-Batelière

EXPOSITION PUBLIQUE

Le Mardi 18 Décembre 1894

DE 2 HEURES A 5 HEURES 1/2

IMPRIMERIE ARTISTIQUE

E. MÉNARD & Cie

Bureaux et Ateliers : PARIS — 8, RUE MILTON

IMPORTANTE COLLECTION

Arrivant de province

MEUBLES

OBJETS D'ART

ET DE HAUTE CURIOSITÉ

Tapisseries, Tapis d'Orient

MAGNIFIQUE SALON LOUIS XIV

Bois sculptés, Meubles d'art

MARBRES, PORPHYRES, TERRES CUITES

Bronzes anciens et modernes, Pendules

ARMES, TRÈS BEAUX IVOIRES

ÉMAUX ANCIENS DE LIMOGES

Émaux cloisonnés et laques de Chine et du Japon

PORCELAINES DE SÈVRES, DE SAXE, DE CHINE ET DU JAPON, PARMI LESQUELLES DES PIÈCES EXCEPTIONNELLES

Faïences italiennes

BIJOUX ANCIENS, OBJETS DE VITRINE

Dont la vente aura lieu

HOTEL DROUOT, SALLE N° 11

Les Mercredi 19 et Jeudi 20 Décembre 1894

A DEUX HEURES

COMMISSAIRE-PRISEUR :

Me A. LANTIEZ

44, rue Le Peletier, 44

EXPERT :

M. L. OPPENHEIMER

8, rue de la Grange-Batelière

EXPOSITION PUBLIQUE

Le Mardi 18 Décembre 1894

DE 2 HEURES A 5 HEURES 1/2

CONDITIONS DE LA VENTE

Elle sera faite au comptant.

Les Acquéreurs paieront CINQ POUR CENT en sus des enchères.

Aucune réclamation ne sera admise une fois l'adjudication prononcée.

Paris. — Imp. artistique E. Ménard & Cie, 8, rue Milton

MEUBLES & BOIS SCULPTÉS

ANCIENS

1 — Six petits panneaux en bois de chêne, contenant deux têtes d'hommes, deux têtes de femmes et deux armoiries de la famille de Henri II.
Longueur totale o m. 58, haut. o m. 45.

2 — Deux panneaux en bois de noyer, faisant pendants, provenant d'un meuble.
Ornements fouillés à jours et une statuette de chevalier dans le milieu.
Haut. o m. 70, larg. o m. 55.

3 — Une petite frise en bois d'ébène sculptée.
Long. o m. 47, haut. o m. 09. Époque de Louis XIII.

4 — Un cadre avec glace en bois sculpté et doré.
Haut. 1 m. 04, larg. o m. 70. Époque de Louis XIV.

5 — Un Cadre avec glace en bois sculpté et doré pour Christ, orné de quatre têtes d'anges, et de chaque côté une statuette d'enfant.
Haut. o m. 81. Époque de Louis XIV.

460 — 6 — Un petit meuble, cabinet à deux corps, en bois d'ébène.
Son ornementation se compose de gravures.
Haut. 1 m. 58, long. o m. 88. Époque de Louis XIII.

7 — Une grande console de Bérain, en bois sculpté et doré, disposée avec de riches ornements, cinq cartouches, deux figurines d'enfants, vases, etc.

Les pieds sont formés de très larges volutes. Pièce remarquablement belle. Tablette à moulures en marbre griotte.

Long. 1 m. 75, profond. 0 m. 90, haut. 0 m. 92. Époque de Louis XIV.

8 — Une table-bureau décorée de peintures en vernis de Martin, genre Watteau, représentant des scènes de l'époque avec des ornements divers : rinceaux, festons, fleurs, etc., sur fond or teinté. Le dessus recouvert en maroquin noir est entouré d'une moulure en bronze doré.

Pièce remarquable, garnie de beaux bronzes dorés.

Long. 1 m. 26, larg. 0 m. 61, haut. 0 m. 73. Époque de Louis XIV.

9 — Une commode palissandre dont la marqueterie se compose de fleurs, feuillages et oiseaux.

Long. 1 m. 20, larg. 0 m. 67, haut. 0 m. 88. Époque de Louis XIV.

10 — Un meuble de salon, composé d'un canapé, de huit fauteuils, d'un tabouret et d'un écran en bois sculpté et doré, recouverts en tapisseries faites à la main, à médaillons au petit point, avec encadrement au gros point.

Chaque siège représente un sujet différent. Tous les dossiers sont à personnages ; celui du canapé contient deux médaillons. Les bois sont ornés de feuilles d'acanthe, de coquilles, de quadrilles, etc.

Les pieds se terminent en volutes.

Très beau meuble en excellent état de conservation.

Longueur du canapé 1 m. 70, hauteur des fauteuils o m. 99, largeur du tabouret carré o m. 53, écran hauteur 1 m. 15. De l'époque de Louis XIV.

11 — Un bahut Henri II, chêne sculpté avec fleurs, surmonté d'une horloge à répétition avec étagères sur les côtés.

MARBRES

12 — Un grand groupe : « La Discorde », représentant un enfant tenant une écuelle, et se défendant contre un chat et un coq.

Beau marbre signé : Romanelli.

Haut. o m. 88, larg. o m. 52.

13 — Une colonne marbre serpentine.

14 — Un grand groupe : « La Piété », représentant une jeune fille à genoux les mains jointes, signé : Bartolini.

Haut. o m. 91, profond. o m. 68, larg. o m. 41.

15 — Un groupe : Bacchante Faune, sur socle, marbre serpentine (Clodion).

Haut. o m. 74.

16 — Un groupe : « Amour et Psyché » (restauré) de Canova.

Long. o m. 90, haut. o m. 74.

OBJETS ANCIENS

en Porphyre et en Marbre blanc

17 — Une paire de vases en porphyre brun-vert veiné de forme ovoïde à col. Monture en bronze doré, couvercles à feuilles d'acanthes surmontés d'un fruit avec ses graines.

Haut. o m. 41 1/2, larg. de la base o m. 15. Époque de Louis XVI.

Ces vases se joignent à la pendule : Trois nymphes de Falconnet.

18 — Une paire de candélabres à trois lumières formés de branches de pavots en bronze doré, sortant d'un vase en porphyre rouge oriental.

Haut. o m. 56, larg. de la base o m. 11. Époque de Louis XVI.

Ces candélabres se joignent à la pendule : Trois nymphes de Falconnet.

19 — Une paire de vases à couvercle, de forme ovoïde en porphyre vert. Monture Louis XVI en bronze doré.

Haut. o m. 38.

TERRES CUITES ANCIENNES

20 — Une petite statuette : Jeune dame en costume du temps de Louis XV tenant un petit chien appuyé

contre elle et une ombrelle sous le bras gauche.

Haut. o m. 27. De l'époque de Louis XV.

21 — Un faune accroupi, jouant avec deux enfants qu'il tient dans ses bras et dont l'un lui tire la barbe, l'autre tient une de ses cornes.

Pièce originale de la main de Pugèt.

Haut. o m. 48, base carrée o m. 20 sur o m. 18.

BRONZES ANCIENS ET MODERNES

ANCIENS

22 — Une plaque de forme carrée longue. Le tour est bordé d'ornements faisant le cadre ; au milieu un chevalier tenant une épée.

Ce bronze porte dans le haut les lettres F. S. et à gauche la date de 1511.

Travail italien, haut. o m. 21, larg. o m. 14 1/2.

•23 — Une petite plaque ronde, bronze très fin contenant une tête de Christ se détachant sur un fond de velours grenat, entourée d'un ornement, composé de feuillages et de fruits.

Travail italien du xvie siècle, diam. o m. 12 1/2.

24 — Un bas relief de forme cintrée dans le haut en bronze ciselé et doré.

Au milieu, la Vierge, l'enfant Jésus, et divers personnages.

De chaque côté une cariatide de femme, dans le haut, trois figurines d'enfants avec des festons de fleurs. Dans le bas une frise à jours ; très belle plaque fixée sur un fond de velours cramoisi, encadrée d'une corde en bronze doré, hauteur du bas relief seul o m. 21, larg. o m. 14. Travail italien du XVIe siècle.

25 — Une statuette en bronze ciselé, d'une jolie patine foncée : Baigneuse accroupie, sur socle ancien en porphyre rouge oriental de forme ronde, en fût, avec base carrée et ornée dans le bas d'un rang de perles, dans le bas d'un tors de lauriers en bronze finement ciselé et doré de l'époque de Louis XVI.

Hauteur totale : o m. 38.

26 — Une petite statuette : Bacchus debout tenant de la main gauche dans le pan de sa draperie le fruit de la vigne.

Il est supporté par un socle formé de quatre dauphins. Le tout est en bronze fin de ciselure et avec son ancienne et belle dorure.

Haut. o m. 21. Du XVIe siècle.

27 — Une grande statuette, en bronze ciselé, d'une patine foncée et fort belle : Lucrèce se poignardant, elle se tient debout, un genou appuyé sur un riche coussin posé sur une base formée d'objets divers.

1900 Haut. o m. 57, diamètre de la base o m. 34. Époque du XVIe siècle.

Cette statuette est placée sur un socle disposé en fût de colonne avec cannelures imitant le marbre.

28 — Deux statuettes, faisant pendants d'une patine vert foncé, montées sur socles en porphyre : Hercule étouffant Antée ; Hercule portant le sanglier de la forêt d'Erymanthe.

Travail italien du XVIe siècle, haut. l'une 0 m. 47 l'autre 0 m. 50. Socles long. 0 m. 29. Larg. 0 m. 23.

29 — Deux petites statuettes, faisant pendants : Antinoüs et Méléagre, portant la hure de sanglier.

Haut. 0 m. 24. De l'époque de Louis XIV.

30 — Un grand bas-relief, de forme carrée longue, en bronze doré, représentant une fête au Dieu Terme, dans laquelle figurent quatorze personnages. De l'époque du XVIIIe siècle.

Dans un fort beau cadre en bronze ciselé et doré. Longueur totale : 0 m. 60, larg. 0 m. 29 1/2.

31 — Deux groupes : Satyres et enfants, signés et datés : MARIN, 1787, sur socles du temps, fort riches, en porphyre rouge oriental et porphyre vert, avec tors de lauriers très fin, en bronze doré.

Hauteur totale : l'un 0 m. 28, l'autre 0 m. 25. De l'époque de Louis XVI.

32 — Deux petites statuettes faisant pendants en bronze de patine vert foncé : Enfants assis. Sur socles ronds du temps, en marbre blanc à base carrée en marbre bleu turquin, avec ornements et chaînettes à glands en bronze doré.

Hauteur totale : 0 m. 20. De l'époque de Louis XVI.

33 — Deux levrettes faisant pendants en bronze d'une jolie patine couleur aventurine sur socles en bronze doré.

Long. o m. 18, larg. o m. 10. De l'époque de Louis XVI.

34 — Deux petites statuettes faisant pendants en bronze. Porte balle ; sur le fardeau de l'un on lit le mot « Brest ».

Haut. o m. 20. Époque de Louis XV.

35 — Deux petits groupes faisant pendants composés de deux personnages représentant les Arts, en bronze avec la dorure primitive.

Haut. o m. 13. De l'époque de Louis XIII.

36 — Deux petites statuettes : L'Astronomie et la Poésie, en bronze avec sa dorure primitive.

Haut. o m. 11.

37 — Une statuette représentant St-Georges, tuant le Dragon, en bronze, remarquablement exécutée.

Pièce faite il y a environ 60 ans sur l'empreinte prise exprès de l'original même, en bois sculpté et doré, et donnée en échange de celui-ci qui avait été distrait du très grand triptyque gothique du musée de Dijon.

Haut. o m. 50. Provenant de la vente Baudot, faite à Beaune en 1883.

38 — Une paire de bras appliques à deux lumières en bronze doré.

Haut. o m. 48. Époque de Louis XVI.

39 — Une paire d'appliques à trois lumières avec têtes de béliers en bronze doré.
Haut. o m. 5o. Époque de Louis XVI.

40 — Une paire d'appliques à trois lumières de forme ovoïde avec têtes de béliers en bronze doré.
Haut. o m. 5o. Époque de Louis XVI.

41 — Une paire de bras appliques à deux lumières très allongés, bronze doré.
Haut. o m. 58. Époque de Louis XVI.

42 — Une paire d'appliques à deux lumières, têtes de béliers bronze doré à l'or moulu.
Haut. o m. 5o. Époque de Louis XVI.

MODERNES

43 — Une statuette : Chanteur florentin de P. Dubois, par Barbedienne.
Haut. o m. 76.

44 — Une statuette : Baigneuse de Falconet, bronze poli au rouge. Grandeur du marbre, original du Musée du Louvre, par Barbedienne.
Haut. o m. 82.

45 — Une statuette : Diane à la Biche, réduction du marbre antique du Musée du Louvre, bronze poli au rouge, par Barbedienne.
Haut. o m. 82.

46 — Un baguier, style Louis XVI, en bronze argenté, de forme ronde, portant sur trois pieds, avec couvercle. Ciselure très fine, par Barbedienne.
Haut. 0 m. 12 1/2.

47 — Deux coupes, centaures et centauresses, bronze argenté, d'après les originaux du Musée de Naples, par Victor Paillard, socle marbre noir.
Haut. 0 m. 20.

48 — Une paire brûle-parfums, style Louis XVI à quatre pattes de biche, bronze doré.

49 — Une paire candélabres à figures d'enfants portant un bouquet de fleurs à trois lumières. Reproduction de Fontainebleau.

50 — Une paire de chenêts, style Louis XVI à figures, cariatides de femmes en bronze.

PENDULES ANCIENNES ET MODERNES

ANCIENNES

51 — Une pendule bronze doré avec un double cadran, de Merran, à Paris, par Falconet : Trois nymphes nues debout, reliées entre elles par des festons de fleurs, et entourant un fût de colonne cannelée qui supporte le cadran, lequel est surmonté d'un amour couronnant le portrait d'Henri IV.

Base ronde avec feuilles de vigne et raisins, et un tors de lauriers, socle en bois d'ébène, à coins cintrés, orné de bronze doré.

Objet très remarquable, admirablement ciselé, des plus précieux par sa rareté.

Il n'a été produit que trois exemplaires.

Haut. o m. 53, larg. du socle o m. 19. De l'époque de Louis XVI.

52 — Une pendule applique avec support en marqueterie de Boule, ornée de bronze doré à l'or moulu.

Au-dessous du cadran se trouve une petite sphère noir et or indiquant les heures de jour et de nuit.

Hauteur totale 1 m. 35. Epoque de Louis XIV.

53 — Une pendule applique avec support en marqueterie de Boule, ornée de bronze doré.

Le mouvement porte à l'intérieur le nom de Bobillier, à Besançon.

Hauteur totale 1 m. 25. De l'époque de Louis XIV.

MODERNES

54 — Une pendule et support style Louis XV, en peinture genre vernis Martin, décorée de fleurs et oiseaux sur fond vert, garnie de bronzes finement ciselés.

Hauteur totale 1 m. o5, larg. o m. 38.

55 — Un cartel bronze, style Louis XIII : Têtes de griffons et d'anges, avec cadran ajouré.

Haut. o m. 82, larg. o m. 35.

ARMES ANCIENNES ET MODERNES

ANCIENNES

56 — Un très petit fusil à rouet. Le bois est orné d'incrustations en ivoire et en nacre représentant des sujets de chasse et des arabesques. Jolie pièce d'une conservation parfaite.

Long. o m. 71. Travail du XVIe siècle.

57 — Une carabine à rouet. Le bois est incrusté d'ivoire et de nacre gravés. Sujets : Scènes de chasse, animaux chimériques et arabesques. Dans le haut un hallebardier ; sous la batterie un joueur de musette ; au-dessous de la crosse un fauconnier.

Arme magnifique, d'une richesse et d'un travail des plus remarquables, dans le plus parfait état de conservation.

Long. 1 m. 18. Du XVIe siècle. Provenant de la collection du marquis de Faltar.

58 — Une petite dague en acier ciselé à lame triangulaire avec fourreau. La poignée est formée de deux figurines héraldiques placées l'une au-dessus de l'autre, et la garde de deux têtes du même genre. Travail très fin.

Long. o m. 26. De l'époque Moyen-Age.

59 — Une petite dague en acier ciselé en relief. La poignée et la garde sont d'un fort joli travail.

Long. o m. 28. De l'époque de la Renaissance.

60 — Un couteau avec manche en ivoire sculpté, formé de plusieurs figurines. Fourreau en ivoire garni d'argent.
Longueur totale o m. 36. XVIe siècle.

61 — Un couteau dont le manche est en ébène à cannelure et orné d'une garniture en argent. Le dos de la lame est ciselé en relief.
Long. o m. 29. Travail italien du XVIe siècle.

62 — Un couteau persan. Manche en jade noir orné de pierreries; lame en damas avec damasquineries d'or très fines.
Long. o m. 38.

63 — Un couteau indien. Manche en ivoire de morse, gravé d'arabesques. La lame est ornée de caractères et d'une très fine damasquinerie d'or.
Long. o m. 36.

64 — Un grand yatagan. Poignée en ivoire de morse enrichie d'ornements en corail et en argent. Lance avec inscription dorée, fourreau en argent et velours.
Long. o m. 77.

65 — Un yatagan avec poignée en buffle noir et fourreau en argent repoussé.
Long. o m. 58.

66 — Un petit yatagan. La poignée et le fourreau sont en argent repoussé.
Long. o m. 38.

67 — Un pistolet à pierre à quatre coups. Arme finement gravée.

MODERNES

68 — Une petite dague en acier à lame triangulaire. La poignée et le fourreau sont couverts d'incrustations en argent et en relief.

Long. o m. 32.

IVOIRES ANCIENS

69 — Deux grands groupes en ivoire sculpté, sujets mythologiques : Enlèvement de femmes. L'un se compose de deux personnages, du chien Cerbère à trois têtes et de la petite Divinité légendaire. L'autre de deux personnages et du chien Cerbère, mais n'ayant que deux têtes.

Ces groupes d'une grande importance, et intacts, sont sculptés dans un seul morceau d'ivoire et fixés sur des socles en bois d'ébène à six pans et à moulures.

Haut. des ivoires seuls o m. 35. Haut. totale o m. 46 1/2. Travail italien du commencement du XVIe siècle.

70 — Un grand coffret en ivoire sculpté, de forme carrée longue, à pans coupés. Le couvercle disposé à facettes, avec ornements variés et mascarons, et surmonté d'une petite statuette d'enfant. Les quatre panneaux représentent des scènes de la vie de Diane chasseresse. Les pieds sont formés de têtes de femmes.

Long. o m. 37, larg. o m. 22, haut. o m. 26. De l'époque de la Renaissance.

71 — Une petite statuette en ivoire sculpté : L'Orfèvre en costume du temps, coiffé d'un soufflet, surmonté d'un panache de plumes en guise de chapeau.

Hauteur sans le socle o m. 15. De l'époque de Henri IV.

72 — Trois bas-reliefs de forme carrée longue, en ivoire sculpté. Sujets mythologiques, faisant pendants, dont les figures du premier plan sont à l'état de véritables statuettes.

L'un représente une scène de la vie de Diane chasseresse et contient douze personnages, trois chiens et des arbres dans le fond.

L'autre le dieu Pan poursuivant une nymphe qui se réfugie auprès d'un fleuve. Les personnages sont au nombre de douze, dans le fond des arbres.

Le troisième, des satyres, des femmes et deux enfants, en tout treize personnages avec des arbres dans le fond.

Long. des ivoires seuls o m. 18 1/2, haut. o m. 13 1/2. Ils sont placés dans de beaux cadres en écaille avec des ornements en bronze doré.

Long. totale o. m. 31, haut. o m. 25 1/2. Du commencement du XVIIIe siècle.

IVOIRES DU JAPON

73 — Un groupe composé de trois personnages détachés : Un vieillard, un pélerin assis et un jeune guerrier debout.

Hauteur des deux figurines assises o m. 07, hauteur

du guerrier 0 m. 10 1/2. Placés sur un socle en bois laqué, à quatre pieds.

Longueur du socle 0 m. 20.

74 — Un groupe de deux personnages sculptés en demironde bosse.

Haut. 0 m. 22 sur un socle en bois noir.

75 — Une statuette très ancienne dont la tête et les mains sont en ivoire sculpté, et le reste en bois laqué.

Hauteur de la statuette seule 0 m. 22. Placée sur un bois naturel noirci.

76 — Un petit groupe sculpté se composant de : Un éléphant et de cinq musiciens.

Longueur de l'ivoire seul 0 m. 06 1/2, haut. 0 m. 07 1/4.

77 — Une boîte de forme cylindrique à compartiments superposés ; ornée de faisans, d'insectes et de différentes matières incrustées en relief.

Haut. 0 m. 10 1/2, diamètre 0 m. 09.

78 — Une boîte carrée, creusée dans un massif d'ivoire avec médaillons en métal argent et or, patinés, laqués, représentant des personnages, des oiseaux, des fleurs et incrustations en relief en diverses matières.

Les médaillons sont au nombre de huit.

Long. 0 m. 09 1/2, haut. 0 m. 06.

79 — Une petite boîte en forme de poire décorée de fleurs laquées et incrustée d'insectes.

Haut. 0 m. 03 1/2.

80 — Une boîte carrée longue ornée d'incrustations en diverses matières en relief et de médaillons, d'oiseaux, de papillons, etc., en laque d'or. Les angles sont arrondis, laqués, noirs et or.

Long. o m. 15, larg. o m, 07 1/2, haut. o m. 07.

81 — Une petite boîte carrée longue, dont le couvercle est incrusté d'insectes.

Long. o m. 08, larg. o m. o3.

82 — Une boîte de forme cylindrique, décorée de quatre médaillons de forme irrégulière, en laque d'or.

Haut. o m. 07 1/2, diamètre o m. 07 1/2.

83 — Un très petit groupe sculpté : un cavalier et deux guerriers japonais.

Haut. o m. o5.

84 — Un cornet sculpté et laqué or. Décor : un coq, une poule et ses petits sur un socle en bois laqué noir et or.

Hauteur totale o m. 4.

85 — Un grand cornet sculpté, contenant sept personnages : des animaux, des grues. Très ancien sur base plate en bois de fer.

Hauteur totale o m. 23, larg. o m. 12.

86 — Un petit groupe sculpté : Vieillard assis jouant avec un enfant.

Haut. o m. 04 1/2.

87 — Un petit groupe sculpté : Quatre japonais jouant.
Larg. o m. 04 1/2, haut. o m. 04.

88 — Une femme coiffée d'un large chapeau portant un enfant.

ÉMAUX DE LIMOGES, ANCIENS

89 — Une Tête de Vierge. Peinture en émaux de couleurs sur fond noir. La Vierge est coiffée d'un voile bleu. LÉONARD LIMOSIN. Dans un cadre ancien, garni de plaques en émail bleu.
Hauteur totale o m. 38, larg. o m. 30. Du xvie siècle.

90 — Un coffret de forme rectangulaire, monture de l'époque en bois noir, à moulures avec filets dorés, contenant cinq plaques en émaux de couleurs, rehaussé d'or et représentant des sujets de l'histoire de Moïse. Sur le couvercle la source. La plaque de devant la Manne ; celle de derrière le passage de la Mer Rouge ; celle de gauche l'apparition au berger ; celle de droite le veau d'or.
Largeur des trois premières plaques o m. 14, hauteur o m. 08 1/2. Hauteur des deux autres o m. 08 1/2, Largeur o m. 08 1/2. JEAN COURTOIS. Pièce très remarquable, xvie siècle.

91 — Une grande coupe ronde sur piédouche peinture en émaux de couleurs et à paillons rehaussés d'or.

Intérieur de la coupe. Sujet tiré de l'Enéïde : Arrivée d'Enée chez Didon ; sept personnages dans le premier plan. Dans le fond, la mer et des vaisseaux ; autour, des arabesques sur fond noir.

Extérieur : Cariatides de femmes, cartouches surmontés de vases de fleurs et fruits avec des ornements reliant tout le décor en grisaille teintée sur fond noir. Sur le pied, des arabesques d'or dans un fond noir, bordure nattée, en grisaille. Signée dans le haut de de l'intérieur : J.-D.-C JEAN DE COURT, peintre du Roi

Diamètre o m. 26, haut. o m. 11. Pièce remarquable du XVIe siècle.

92 — Deux plaques carrées, en émaux de couleurs à paillons faisant pendants à sujets de formes ovales dans le carré orné de fleurs et de feuillages. L'une représente le Christ soutenu par Marie ; dans le fond un paysage. L'autre Sainte-Thérèse avec son glaive, les mains jointes, et dans le fond un paysage. Signées L. L. avec une fleur de lys. Monogramme de LÉONARD LIMOSIN.

Ces deux émaux sont placés dans un écrin du temps recouvert en veau brun ; aux angles, fleurs de lys et chiffres dorés.

Hauteur des plaques o m. 18, larg. o m. 20. Remarquables pièces du XVIe siècle.

93 — Deux émaux peints en couleurs faisant pendants, représentant les « Saisons ».

Suivant l'inscription placée en bas. L'une est la figure du Printemps, l'autre la figure de l'Été. Sujets en ovale dans un encadrement de forme carrée, en émail avec arabesques d'or et moulures en bronze doré fixés sur velours brun.

Hauteur totale o m. 22 1/2, larg. o m. 18 1/2. Du XVIe siècle.

94 — Une grande plaque rectangulaire en émaux de couleurs, sujets : Sainte Famille, composée de trois personnages. La Vierge, l'Enfant Jésus et Saint-Joseph ; dans le fonds des draperies.

Hauteur de l'émail seul o m. 22 1/2, larg. o m. 19 1/2. Dans un cadre du XVIe siècle.

95 — Une plaque carrée longue en émaux de couleurs, représentant une scène des mystères de La Passion.

Dans une moulure en bois d'ébène avec un fleuron doré.

Hauteur de la plaque seule o m. 12, larg. o m. 09 1/2. Du XVIe siècle.

96 — Une assiette en émail grisaille. Dans le milieu, deux personnages. L'un, vieillard, est assis sur un siège à coussins; l'autre debout, tenant un brûle-parfums. Le dessous est orné d'une tête d'homme dans une sorte d'encadrement autour duquel sont disposés deux figures en pied, des cartouches et des oiseaux héraldiques.

Diamètre o m. 19. Du XVIe siècle.

97 — Un petit plat rond en émail grisaille. Le sujet contenant neuf personnages, est tiré de l'histoire de Joseph. Le marli est orné d'arabesques d'or et de quatre médaillons en façon de camées, dont trois représentent des personnages de genres antiques et le quatrième contient le monogramme P.-M.-C. PÉNÉCAUD III.

Diamètre o m. 19. Du XVIe siècle.

98 – Une plaque carrée longue, émaux en couleurs. « Jésus portant sa croix », contenant sept personnages.
Hauteur de l'émail seul o m. 20, larg. o m. 13. Dans un cadre en ébène avec fleuron bronze doré. Du xve siècle.

99 — Une coupe de forme ronde à six lobes, peinture en grisaille. Au milieu, la Vierge tenant l'Enfant Jésus ; tout autour des paysages. Signée : I. L. Jean Laudin.
Diamètre o m. 16. Du xviie siècle.

100 — Une tête de Christ. Émaux en couleurs.
Hauteur de la plaque seule o m. 14, larg. o m. 11. Du xvie siècle.

101 — Une petite plaque émaux en couleurs dans un cadre ancien.
Hauteur totale o m. 13 1/2, larg. o m. 10 1/2. Du xviie siècle.

102 — Un émail de Limoges. « Descente de Croix ».
Haut. o m. 12, larg. o m. 09. Du commencement du xvie siècle.

ÉMAUX ANCIENS DE LA CHINE

et laques du Japon

CHINE

103 — Une grande boîte forme ovoïde émaillée également à l'intérieur. Le couvercle représente un paysage avec des daims et des grues. Fond bleu turquoise.
Diamètre o m. 38, épaisseur o m. 18.

104 — Un brûle-parfums de forme ronde, fond bleu turquoise, sur un socle ancien.
Haut. 0 m. 39.

105 — Un flacon forme bouteille, fond bleu turquoise.
Haut. 0 m. 22.

106 — Une petite bonbonnière ronde.
Diamètre 0 m. 06, haut. 0 m. 05.

107 — Un petit brûle-parfums à fond bleu turquoise, forme ronde.
Haut. 0 m. 29.

108 — Une petite boîte à quatre pieds, fond bleu turquoise, long. 0 m. 10, larg. 0 m. 05, haut. 0 m. 06.

109 — Un brûle-parfums forme ronde, à trois pieds, fond bleu turquoise.
Diamètre 0 m. 13, haut. 0 m. 11.

110 — Un petit vase à col évasé, monture en bronze.
Haut. 0 m. 10 1/2.

JAPON

111. — Une boîte carrée longue, très ancienne.
Long. 0 m. 27, larg. 0 m. 14, haut. 0 m. 11.

112 — Une boîte à six pans, à cinq compartiments superposés.
Haut. 0 m. 11, diam. 0 m. 08 1/2.

113 — Une boîte ronde fort ancienne en laque rouge, corail sculpté.
Diamètre 0 m. 14, épaisseur 0 m. 05.

114 — Une petite boîte ronde en laque rouge, corail sculpté.
Diamètre 0 m. 09.

115 — Une boîte en laque d'or.
Long. 0 m. 10.

PORCELAINES DE SÈVRES

ANCIENNES

116 — Un vase de forme élancée, fond gros bleu, avec médaillons. Vases de fleurs entourés d'ornements dorés. Monture de l'époque, couvercle surmonté d'une pomme de pin en bronze doré.
Haut. 0 m. 35. De l'époque de Louis XVI.

117 — Une paire de vases, fond gros bleu uni. Monture du temps en bronze doré, surmonté d'une pomme de pin.
Haut. 0 m. 30. De l'époque de Louis XVI.

118 — Un vase gros bleu uni, de même forme que les précédents, mais avec une grecque sur la bande de la galerie et sur la base.
Haut. 0 m. 28. De l'époque de Louis XVI.

119 — Un petit pot à lait de forme ronde, à trois pieds et anse.

Haut. 0 m. 10. De l'époque de Louis XV.

120 — Un petit pot à crème, avec couvercle surmonté d'une fleur.

Haut. 0 m. 08. De l'époque de Louis XVI.

MODERNES

121 — Un vase fond gris clair, à deux anses formées de têtes de chimères, avec la date 1864.

Haut. 0 m. 41.

122 — Une paire de grands vases en porcelaine gros bleu uni, montés en bronze doré. Les anses sont formées de têtes de chèvres.

Haut. 0 m. 90.

123 — Un sucrier à anses et couvercle, décor à guirlandes de fleurs et rubans sur fond blanc, avec la date de S. 53.

124 — Une tasse et soucoupe décorée de fleurs et ornements or.

PORCELAINES DE SAXE ANCIENNES

125 — Un groupe composé de trois enfants supportant un vase brûle-parfums, orné de quatre cartouches, base rocaille.

Haut. 0 m. 27. Base 0 m. 16 sur 0 m. 13 1/2. De l'époque de Louis XV.

126 — Un encrier formé de deux statuettes d'enfants. L'un porte une chèvre, l'autre un mouton.

L'encrier est en céladon vert tendre. Monture du temps en bronze finement ciselé et doré.

Long. totale o m. 30, larg. o m. 12, haut. o m. 16. De l'époque de Louis XV.

127 — Une boîte carrée longue décorée de paysages à l'intérieur et l'extérieur.

Long. o m. 12, larg. o m. 08 1/2, épaisseur o m. 06. De l'époque de Louis XV.

128 — Une boite en porcelaine de Saxe, fermeture dorée représentant des personnages.

Long. o m. 08, larg. o m. 06. De l'époque de Louis XV.

PORCELAINES ANCIENNES DE CHINE & DU JAPON

129 — Un grand vase fond blanc, de forme bouteille, à col étroit et long, son décor se compose de cérémonies religieuses. Pièce remarquable.

Hauteur du vase seul, o m. 70, avec son socle ancien en bois de fer, o m. 76. De l'époque de Kien-Long.

130 — Un grand vase à décor suivi, représentant des scènes de la vie humaine dans le paysage, des sujets mythologiques, des oiseaux et des animaux chimériques, etc.

Hauteur du vase seul, o m. 76, avec son socle ancien en bois de fer, o m. 85. De l'époque de Kien-Long.

131 — Deux vases très anciens, décorés d'émaux de la Famille verte, se composant de branches d'arbres, de feuillages, de fleurs et d'oiseaux naturels et chimériques.

Socles en bois de fer sculpté en relief.

Haut. o m. 45, compris socles, o m. 52.

132 — Un vase fond blanc : Deux personnages, un vieillard et une jeune dame assis sur un canapé et jouant de la flûte.

Hauteur du vase, o m. 39. De l'époque de Kien-Long.

133 — Un vase forme bouteille à col étroit, décoré d'une branche de pêcher avec ses feuilles, ses fleurs et ses fruits et de cinq chauve-souris, avec socle.

Hauteur du vase seul, o m. 58. De l'époque de Kien-Long.

134 — Un vase fond de couleur carmin, gravé sous émail, décor fleurs diverses et branche d'arbre avec deux oiseaux de ton jaune clair.

Hauteur du vase seul, o m. 41 1/2, hauteur totale : o m. 54 (avec son étui). De l'époque de Kien-Long.

135 — Un vase dont le col étroit et la partie du bas sont ornés d'arabesques se détachant sur un fond carmin. Le reste du décor représente la curieuse fête aux lanternes.

Hauteur du vase seul, o m. 42. Époque de Kien-Long.

136 — Une paire de vases décorés d'un semis de papillons de formes et de couleurs variés en émaux de la Famille

verte. Ces vases sont enrichis d'une magnifique monture en bronze du temps de la Régence.

Hauteur totale : o m. 33 1/2.

137 — Une grande potiche du Japon, son décor représente trois faces : 1° un vase de fleurs, 2° une grue, 3° des fleurs.

Hauteur du vase seul, o m. 90, avec le socle, 1 m.

138 — Un petit vase de forme ovoïde en porcelaine du Japon, fond bleu, monture de l'époque de la Régence. Anses et pieds à trois consoles, garnis de trois petits mufles de lions.

Hauteur totale : o m. 22.

139 — Un vase en vieux Satzouma du Japon, fond gris craquelé, parsemé d'or, orné de médaillons à fleurs, socle en bois de fer.

Hauteur du vase seul, o m. 36.

140 — Un grand plat de la Chine, avec des émaux de la Famille Verte, avec une marque.

Diam. o m. 40.

141 — Une assiette en porcelaine, coquille d'œuf. Le marli est couvert d'une large dentelle noire et or, des réserves contenant des fleurs.

Diam. o m. 21 1/2. De l'époque de Kien-Long.

142 — Une assiette creuse de forme ovoïde en porcelaine mince de la Famille Rose. A l'intérieur des personnages.

Diam. o m. 20.

143 — Un grand bol, porcelaine mince, monture en bronze doré, par Barbedienne.
Diam. 0 m. 39. Époque de Kien-Long.

144 — Un vase en jade blanc, de forme plate à angles coupés, avec couvercle, anses et pieds. Dans son étui d'emballage de la Chine.
Hauteur du vase, 0 m. 21, socle compris, 0 m. 26.

FAIENCES ITALIENNES ANCIENNES

145 — Un très grand plat rond, dont le marli est décoré d'une large bordure disposée en rinceaux avec des fleurs, et le milieu, d'une cérémonie royale contenant dix-sept personnages. Belle pièce du xvie siècle.
Diam. 0 m. 47.

146 — Un très grand plat rond. le milieu représente le même sujet que le précédent, avec des trophées d'armes et d'instruments de musique sur le marli. Belle pièce du xvie siècle.
Diam. 0 m. 41.

147 — Un plat creux, rond, à bord lobé, sujet Orphée dans le paysage, assis au pied d'un arbre et charmant les animaux au son de la lyre, dessous l'inscription : Orféo, du xvie siècle.
Diam. 0 m. 26.

148 — Un plat creux, rond, à bord lobé, représentant Adam dans le paysage, assis au pied d'un arbre, le

front appuyé sur sa main droite, et Ève agenouillée, dessous l'inscription : Adame et Evo, belle qualité du XVIe siècle.

Diam. 0 m. 26.

149 — Un plateau rond, à reflets métalliques nacrés et cuivrés. Au milieu un jeune garçon assis ; autour des arabesques et trois figurines allégoriques sur fond bleu. Très belle faïence portant la date de 1543, et le monogramme M G (Maitre Giorgio).

Diam. 0 m. 24.

150 — Un plateau rond : Massacre de femmes, contenant huit personnages, dans le fond les murailles d'une ville, jolie pièce très harmonieuse de tons et de la main d'un maitre.

Diam. 0 m. 31, XVIIe siècle.

151 — Un petit plat de formes ronde et creuse à reflets métalliques. Dans le milieu un buste de jeune fille avec deux branches de fleurs. Le tour est orné d'une large dentelure, tout le décor est de couleur jaune bordé d'un trait bleu.

Diam. 0 m. 16 du commencement du XVIe siècle.

152 — Une plaque ronde de Castelli d'un décor très fin, d'une belle composition contenant neuf personnages. Dans un cadre en noyer sculpté à rehauts d'or.

Diamètre de la plaque seule, 0 m. 28 du XVIIe siècle.

153 — Un petit plat très creux dans le milieu, sujet : Jupiter et Léda dans le paysage et la naissance de Castor et Pollux. Dans le haut du plat sur le marli :

Jupiter sur les nuages. Dessous, l'inscription : Jove et Léda avec la date de 1545.
Diam. 0 m. 21.

154 — Un petit plat rond, à droite et à gauche des rochers, au milieu cinq personnages. Dans le haut une sorte d'armoirie avec la légende : « Sapiens demenebitur astris ».
Diam. 0 m. 21, du XVIe siècle.

155 — Un petit plat rond, où les tons d'ocre dominent et dans lequel se trouvent trois personnages, dont l'un représente une source. Dessous, une inscription et la date de 1541.
Diam. 0 m. 22 1/2.

OBJETS DIVERS

ET TAPISSERIES

156 — Un bijou. Peinture en émail représentant le portrait de Louis XIV, par PETITOT. Dans un médaillon du temps, de forme ovale, en or émaillé bleu turquoise et blanc, avec pierreries en rubis.
Haut. de l'émail seul 0 m. 033, haut. 0 m. 05.

157 — Une boîte en or, de forme ovale, émaillée bleu, blanc et or. A l'intérieur, sur le fond, a été gravé : M. B. K. 20 1/4.
Long. 0 m. 08. Larg. 0 m. 04 1/2. Epais. 0 m. 002 1/2. Époque de Louis XVI.

158 — Une boîte ronde, en vernis de Martin, peinte sur écaille, galonnée d'or, décorée sur le couvercle d'une charmante scène d'intérieur, d'après David Téniers.
Diam. o m. o8, épais. o m. o3.

159 — Un petit émail : Bacchanale.
Haut. de la plaque o m. o4 1/2, larg. o m. o3 1/4.

160 - Un petit vase en verre de Venise bleu clair.
Hauteur totale o m. 13 1/2. Datant de l'époque de Louis XIII.

161 — Un petit médaillon rond, en forme de camée.
Diamètre o m. o5.

162 — Une petite boîte en bois sculpté. Sur le couvercle, un combat de cavaliers.
Long. o m. 12, larg. o m. o8, épais. o m. o4.

163 — Une paire de petites cassolettes faisant flambeaux, en agate.
Haut. o m. 18. Époque de Louis XVI.

164 — Une petite cire modelée et peinte : Portrait de Marguerite de Busseuil, dame de Ponthus de Thiard, née en 1559.
Diamètre de la cire seule o m. o8.

165 — Un petit vitrail, de forme ovale, représentant Saint-Martin à cheval.
Haut. o m. 34, larg. o m. 29. De l'époque de la Renaissance.

166 — Un petit buste en cire modelée et peinte : Portrait de jeune femme du temps.
Diamètre total o m. 12. De l'époque de Louis XIV.

167 — Un encrier en céladon, bleu turquoise de la Chine, composé d'un tableau, d'un encrier et de trois petits personnages assis. Monture ancienne du temps de Louis XVI, en argent ciselé et doré.
Haut. o m. 22, long. o m. 27.

168 — Un cartel en bois de noyer sculpté d'une seule pièce, représentant le Printemps, d'après le modèle original de E. Piat.
Haut. 1 m. 18, larg. o m. 45.

169 — Un cartel en bois de chêne sculpté d'une seule pièce, représentant l'Automne, d'après le modèle original de E. Piat.
Haut. 1 m. 09, larg. o m. 49.
Ces deux cartels sont uniques et ont été récompensés à l'Exposition Universelle de Vienne de 1873.

170 — Un cartel ancien en bois sculpté doré Louis XVI.
Haut. o m. 45, larg. o m. 23.

171 — Un baromètre, d'après l'ancien style Louis XV, en bois de violette, ornementation en bronze.
Haut. 1 m. 13, larg. o m. 30.

172 — Un petit vase en bronze japonais.
Hauteur totale o m. 16.

173 — Un cadre Louis XVI en bois sculpté doré avec gravures anciennes à transformation. Réprésentant Pie VI, Louis XVI et Marie-Antoinette.

174 — Un petit coffret ancien, plaqué en écaille, incrustations en ivoire.
Long. o m. 21, larg. o m. 13, haut. o m. 12. Époque de Louis XIII.

175 — Quatre rideaux-portières très anciens, en soie.
Haut. de chaque pan 2 m. 25, larg. o m. 70, lambrequin 1 m. 60, haut. o m. 30.

176 — Une tapisserie ancienne : Personnages jouant d'instruments divers, et animaux.
Haut. o m. 50, larg. o m. 45.

177. — Un panneau ancien de la Chine, en étoffe de soie brodée à la main.
Haut. 2 m. 10, larg. 1 m. 50. De l'époque de Kien-Long.

178 — Un panneau ancien de la Chine, brodé sur soie fond rouge.
Haut. 1 m. 95, larg. o m. 50. De l'époque de Kien-Long.

179 — Un cornet du Japon, avec incrustations.
Haut. o m. 12, diam. o m. 06.

180 — Une statuette ancienne en bronze du Japon.
Hauteur totale o m. 34.

181 — Une petite jonque japonnaise en bois de Sandal sculpté.
Longueur totale o m. 21, haut. o m. 22.

182 — Une grenouille. Presse papier en vieux bronze du Japon.
Long. o m. 13, haut. o m. 10.

183 — Un brûle-parfums ancien, bronze fin du Japon.
Long. o m. 19, haut. o m. 12.

184 — Cinq tapisseries verdures, formant série, avec toutes bordures.

185 — Panneau d'Aubusson, parc et oiseaux.

186 — Trois tapisseries verdures, avec personnages.

187 — Deux tapis du Daghestan.

188 — Trois tapis de mosquée.

189 — Objets omis au catalogue.

69.200 —

www.ingramcontent.com/pod-product-compliance
Ingram Content Group UK Ltd.
Pitfield, Milton Keynes, MK11 3LW, UK
UKHW020508180726
13839UKWH00004B/1972

9 782329 553467